AF305578

CATALOGUE

—

ESTAMPES

ANCIENNES ET MODERNES

DIVERSES ÉCOLES

Eaux-Fortes, Lithographies, Caricatures

Collection de Modes

L'ART, PIÈCES AVANT ET AVEC LA LETTRE

PORTRAITS

ÉCOLE DU XVIIIᵉ SIÈCLE

Baudouin, Boucher, Debucourt. Huet (les Repas)

Lavreince en couleur, rares

Ornements de Choffard, d'après Bachelier

Costumes, Caricatures, Watteau, etc.

DESSINS, MINIATURES

Collection de M. Octave T......

Dont la vente aura lieu

HOTEL DES COMMISSAIRES-PRISEURS

RUE DROUOT, 9, SALLE Nᵒ 7

AU PREMIER ÉTAGE

Les Mardi 12 et Mercredi 13 Décembre 1882

A UNE HEURE PRÉCISE

———◆———

Mᵉ MAURICE DELESTRE, Commissaire-Priseur,
rue Drouot, 27,

Assisté de M. **VIGNÈRES**, Marchand d'Estampes,
rue de la Monnaie, 21, à l'entre-sol,

CHEZ LEQUEL SE DISTRIBUE LE CATALOGUE

———◆———

PARIS — 1882

ORDRE DES VACATIONS

PREMIÈRE VACATION

Estampes anciennes......................	N°⁵ 1 à	43
Estampes modernes.....................	44 à	128
Portraits...............................	129 à	255

DEUXIÈME VACATION

Ecole du xvıııᵉ siècle.....	N°⁵ 256 à	458
Dessins, Miniatures...................	459 à	507

CONDITIONS DE LA VENTE

Nous avons conservé les attributions de l'amateur pour les Dessins.

La vente sera faite au comptant.

Les Acquéreurs paieront CINQ POUR CENT en plus des enchères.

M. VIGNÈRES, chargé de la vente, remplira les Commissions.

NOTA. Toute commission, sans prix fixé ou sans limite déterminée, sera regardée comme nulle.

M. VIGNÈRES se charge de faire marquer les prix aux Catalogues des Ventes qu'il a faites. Les personnes qui le désirent peuvent s'adresser à lui *franco.*

Plusieurs Amateurs éloignés en ont reconnu l'utilité pour les guider dans leurs achats sur les valeurs des Estampes.

Les Catalogues des Ventes à faire seront envoyés aux personnes qui en feront la demande *affranchie.*

AVIS. — Nous prions MM. les amateurs éloignés de ne pas attendre au dernier jour, pour que les lettres arrivent le matin de la vente; les lettres étant distribuées après mon départ.

Choix de Catalogues avec prix marqués

M.   24 %

Octave Teissier   5037 50   1209   3828 50

×   763   183 12   580

M. Octave Teissier

1882 25 Sept. Port d'une Caisse   20 20

      3 octob. Port de 2 Caisses d'un paquet   13 25

      18 —   Port d'un paquet   15

      488e Vente acheté No 502 Vollon   50

             Frais de Vente acquereur 5 %   2 50

      Catalogue Muhlbacher et affranchissemen   7 75

      Frais 24 % sur la 488e ou 5037 50 1209
                                              1317 70

      Total de la Vente   5037 50

      Frais ci Dessus   1317 70

      à payer   3719 80   3719 80

Deschamp 3

Deschamp 3

Desch. 5   Mary 8   Boucherin 10

Desch. 2

D.. 1   Juy. 15   Leviery 17

Den. 1   Willer 5

Berard 10   Willer 10   Deliguiere 15

CATALOGUE

—·∿∿∿∿·—

ESTAMPES ANCIENNES

1 **Animaux**. Bestiaux, par *Berghem* et autres. 50 pièces.

2 **Bois anciens**. Sujets bibliques, titre, etc. 53 pièces.

3 — Titres, Fleurons, Entêtes et fins de pages, marques de libraires, plus de 60 pièces.

4 **Bonnart**, etc. Costumes de femmes et autres. 24 pièces.

5 **Bourdon** (Séb.). Vierges, Saintes Familles, Fuites en Egypte, etc. 15 pièces très belles de la collection *Petzold*.

6 **Dusart** (Corneille). *Heelmeester*, le Chirurgien, superbe ép.

7 — *Kopster*, la Ventouse, superbe ép.

8 — Le Joueur de violon assis, très belle ép.

9 — La Kermesse ou fête flamande, très belle ép.

10 **Ecole italienne**. Marc Antoine et son école, 10 pièces.

11 — Beatricet, Bonasone, Marc de Ravenne, A. Vénitien. Massacre des Innocents, etc., 10 pièces in-fol.

12 — Par et d'après Carle Maratte et autres. Sujets religieux. 23 pièces.

13 — Salvator Rosa, d'après Titien, Véronèse, Raphaël, etc. 30 pièces.

14 — Vierges et Jésus, Sujets religieux et autres. 30 pièces.

15 **Ecole flamande.** Baigneurs, d'après *Polembourg*, avant toute lettre. Préparation pour la Chasse, d'après *V. de Velde*. Thalie et Terpsichore, d'après *Vleughels*, le Repos, d'après *Netscher*. 4 pièces très belles.

16 — Sujets divers et d'après Lucas de Leyde. 30 pièces.

17 — D'après Rubens, Sujets divers, 7 pièces.

18 — D'après Téniers, Wouvermans et autres. 14 pièces.

19 — D'après Berghem, Ostade et autres. 14 pièces.

20 — Rembrandt par et d'après. 22 pièces.

21 — Paysages, Sujets, Têtes grotesques, etc. 36 pièces à l'eau-forte.

22 — Sujets divers, Enfants, Allégories, etc. 36 pièces.

23 **Ecole hollandaise.** Vignettes pour des contes et nouvelles. 35 pièces.

24 **Ecole française.** D'après Berain, Brebiette, Poussin et autres. 10 pièces.

25 — D'après Le Brun, Mignard et autres. 20 pièces.

26 — **Ab. Bosse, Leclerc et autres. 20 pièces.**

Encure 10

Herman 10
Herman 15
Voir s'il faut hausser
Herman 15

Lino

2.50 Willent 10

May 10   Boucheret. 10

May 7   Herman 8

          Parent 5

          3

27 **Galle** etc. Scènes de Chasse, Allégories, etc. 35 pièces.

28 **Hollar.** Portraits, Chenilles, et quatre Manchons. 4 pièces.

29 **La Belle** (de). Marines et Sujets divers. 23 pièces.

30 **Le Clerc** (Séb.). L'Apothéose d'Isis, superbe ép.

31 **Lettres ornées** [sur bois et sur cuivre, près de 1,300.

32 **Mauperché.** Paysages à l'eau-forte, très belles ép. 6 pièces.

33 **Merian.** Vues de Paris, Palais et Châteaux de France. 107 pièces.

34 **Morin.** Le petit Saint-Bernard, la Cafarelle et autres Paysages à l'eau-forte, très belles ép. 10 pièces.

35 **Perelle**, etc. Paysages divers formats et ronds. 100 pièces.

36 **Raphaël** (d'ap.). Les Planètes, par *Dorigny*, imp. en rouge. 7 pièces.

37 **Sadeler.** Ruines romaines. 26 pièces.

38 **Tassin.** Plans et Profils des principales villes de France, Paris, environs et autres. 280 pièces.

39 **Tempesta.** Vignettes pour la Bible, etc. 49 pièces.

40 **Téniers** (d'ap.). Les Accords flamands, in-fol., par *Martini* et *Lebas*.

41 **Wouvermans** (d'ap.). Marche d'armée. — Pillage des Reîtres. 2 pièces.

42 **Vues** de Paris, de Silvestre, de Passy, les bons Hommes, l'Ile Notre-Dame, et d'après Lantara, Marot, les Vues des Comédies française et italienne, le Louvre de Perelle, etc. 53 pièces.

43 **Diverses écoles**. Sujets bibliques et religieux. 40 pièces.

—

ESTAMPES MODERNES

44 **Adam** (Victor). Les Amazones historiques, 6 p. in-fol. coloriées, superbes.

45 **Aquafortistes**. Mlle *Mathieu*, *Queroy* et autres. Paysages à l'eau-forte, 12 p.

46 **Bible**. L'Ancien et le nouveau Testament, grand in-4, imp. en typographie, 210 p.

47 **Bracquemond**. Portrait de femme, d'ap. *Ingres*. Un Soir, l'Etang et d'ap. *Corot*, 6 p., eaux-fortes.

48 **Caricatures** de Beaumont, Cham, Daumier, Gavarni, etc., 100 p., ép. du journal.

49 — Daumier et autres, 115 ép. du journal.

50 — Beaumont, Daumier, Quillenbois, 25 p.

51 — Bouchot, Pigal, Travies, etc., 25 p. coloriées.

52 **Caricature** (la), pièces par Decamps, Grandville, Raffet, Travies, etc., 28 p. en noir.

53 — Pièces coloriées, par Grandville, Henri Monnier et autres, 22 p.

54 **Cham**. Turlupinades, contrariétés et autres amusements négatifs, 16 lithog. in-4, coloriées.

Rudet 15   Parent 10   3.

Hongand 5

Jon 3   Bourge 3.50

Hedron 5   Roth 4

55 **Chaplin**. Angélique, Musique, Groupes d'A-
mours, et le Miroir par *Bracquemond*, 6 p.
eaux-fortes.

56 **Charlet**. L'Avis du maître, un Infâme et
autres, 13 p.

57 **Chenay** (Paul). Femme debout, d'ap. *Watteau*, fac-simile de dessin en couleur, in-fol.,
avant la lettre, superbe ép. toute marge.

58 **Claessens**. Vestale et autre tête de jeune
fille, 2 p., petit in-fol. avant la lettre, marge,
très belles ép.

59 **Collection de Modes** de 1820 à 1880, environ 800 p. tirées des costumes parisiens, journal des jeunes personnes et autres, coloriées,
montées sur bristol et contenues dans 6 portefeuilles avec bavettes.

60 **Comba**. Le bout de l'oreille, 19 lithog. in-4.,
caricatures.

61 **Costume parisien** et Modes de Paris de
1821 à 1833, etc., coloriés, 125 p.

62 **Couché** fils. Très petits Ports de France.
40 p. sur 20 feuilles.

63 — Vues des plus beaux Palais, Monuments,
Églises de Paris, Cathédrales et Châteaux de
France, 62 p., petit vol. oblong demi-rel.

64 **Daubigny**. Soleil couchant, eau-forte.

65 **Delacroix** (Eug.). Le Tasse, fou, en prison,
lithog. originale, grand in-fol. avant toute
lettre, rare, toute marge.

66 **Ecole moderne**. Festin de Balthazar, Education d'Achille et autres, 4 p, in-fol.

*

67 — Singe peignant, d'ap. Decamps et autres divers, 20 p.

68 **Flameng.** Angélique, d'ap. *Ingres*, sur chine, toute marge.

69 — La Source, d'ap. *Ingres*, sur chine, toute marge.

70 —Héliodore, d'ap. *Delacroix*, Jeune fille, d'ap. *A. Duval.* Jeune Florentine, d'ap. *Timbal.* The blue boy, d'ap. *Gainsborough*, 5 p. sur chine, toute marge.

71 — Saint-Sébastien, d'ap. *L. de Vinci.* Roland mort, d'ap. *Velasquez*, et autres, 7 p.

72 **François.** La Vierge de Manchester, d'ap. *Michel-Ange.* Génie captif, d'ap. *Delaroche.* Un Cavalier, par *Laguillermie.* La Vague et la Perle, par *Carey*, 4 p. superbes.

73 **Gavarni.** La Boîte aux lettres, 13 lithog. in-4.

74 — Croquis des bals publics et bals masqués de Paris, 21 lithog. in-4, coloriées.

75 — Les Lorettes, les Débardeurs, etc., 29 p. coloriées.

76 — OEuvres nouvelles, Fourberies de femmes, etc., 28 p. coloriées.

— Sujets divers, lithog. et gravés d'après lui, 32 p.

78 — Fourberies de femmes 13, Paris le soir 14, Clichy 13, etc., 44 p. ép. du Charivari, collées.

79 — Les Enfants terribles 15, Etudiants de Paris 12, Vie de Jeune homme 6, M. Loyal 4, etc., 48 p. ép. du journal, collées.

Verzier 15

Bourge... 7 Verzier 10

Houzard 15

Herman— 10

Lavieux 21   Houzard 10

Houzard 8

80 **Gazette des Beaux-Arts**. Pièces à l'eau-
forte et en chromo, 23 p.

81 **Gédéon**. Les Femmes de ménage, 19 lithog.
in-4, caricatures.

82 **Girin**. Le secret de Polichinel, 19 lithog,
in-4, caricatures.

83 **Jacquemard**. Trépied, Miroir, Cuirasses,
3 p. superbes.

84 **Jacques** (Charles). Scènes villageoises, d'intérieur, paysages, animaux, etc., 18 eaux-fortes
sur 12 feuilles.

85 **Johannot**. Théâtre de Scribe, in-8, 101 p.

86 **Lalaisse** et autres. Eve se mirant dans l'eau.
— Eve effeuillant des roses, 2 p. in-fol.

87 **Leroy** (Alphonse). Tête de Vierge d'ap. *Van
Dyck*, ovale, petit in-fol. avant la lettre sur
chine, toute marge. Superbe.

88 **Lithographies** d'*Horace Vernet*, Ornements
et autres, 30 p.

89 **Martial**. L'Hôtel-Dieu au bord de la Seine,
eau-forte, in-fol, 1ʳᵉ et superbe ép., toute
marge.

90 **Meissonnier**. Le Rapport, très petite eau-
forte originale, et d'après lui Deux Lansque-
nets, le Héraut d'armes de Murcie, sur bois,
3 p.

91 **Metzmacher**. La Vierge de la maison d'Albe,
d'ap. *Raphael*, rond in-fol., belle ép.

92 **Mind** (d'ap.). Scènes de chats, coloriées, 11 p.

93 **Modes**. Le Follet, Moniteur de la mode de
1845 à 1850, 160 p. coloriées.

94 — Costumes parisiens, Magasin des demoiselles, le Follet, etc, 180 p. coloriées.

95 **Montaut**. La Muse du souvenir, d'ap. *Widal*, sur chine, in-fol.

06 **Moreau**. Le soldat laboureur, d'ap. *Vigneron*, manière noire, grand in-fol., superbe ép. touto marge.

97 **Pauquet**. Modes parisiennes, époque de Louis XVI, 10 p. coloriées.

08 **Robert** (Léopold). Etude d'après nature ; il était graveur avant d'être peintre, in-fol. Superbe ép., marge, rare.

99 **Rosotte**. Philippe le Bon, Romulus, d'ap. *Ingres*. Jésus au milieu des docteurs, d'ap. *Ingres*. Fac-simile, Vierge, d'ap. *Raphaël*. Acis et Galathée d'ap. *Poussin*, 5 p.

100 **Wild**. Intérieur de la Cathédrale d'Amiens, in-fol. en couleur. — Intérieur d'un Monastère, lithog. coloriée, 2 p.

101 **L'Art**. Reproduction sur bois des principaux tableaux, Sujets espagnols, Fresques d'Italie, Portiques, Tapisseries de Madrid et autres, 58 p., superbes ép. papier de chine volant. Tables des différents volumes.

102 — **Abot** (Eug.). La Charité avant et avec. — La Jeunesse avant et avec. — Statue avant la lettre sur chine, 5 p.

103 — **Chauvel**. La Hute. — La Mare, forêt de Fontainebleau, la Falaise, 3 p. avant et avec la lettre, 6 p.

S. 1

Hedon— 3   Nory 2.50

Willant 16   3 9

Hougard 4

Deliquier 5

Hougard 3

Verzier 5   Herman 5   Hougard 6

104 — **Courtry**. Intérieur d'atelier. — Fiançailles du doge. — Le troupeau de vaches, 3 p. avant et avec la lettre, 6 p.

105 — **Barillot**. Retour des champs. — *Lecouteux*, Brunehaut. — *Deblois*, l'Année 1871, 3 p. avant et avec la lettre, 6 p.

106 — **Desbrosses**. Hille Bobbe. — *Didier*, Portrait d'homme. — *Gaujean*, la Jeune ménagère, 3 p. avant et avec la lettre, 6 p.

107 — **Flameng**. François de Borgia, avant et avec la lettre. — La Fileuse, avec la lettre, 3 p.

108 — **Gaillard**. Saint Sébastien. — *Gaucherel* à Scafati. — Chrisanthèmes et grenades 3 p., avant et avec la lettre, 6 p.

109 — **Gilbert**. Portrait de M. Ph. Rousseau avant et avec la lettre, 2 p.

110 — Apollon. — Détail de l'accouchement de Vénus, 2 p., avant et avec la lettre, 4 p.

111 — **Greux**. Le quai aux fleurs. — Bords de l'Yssel. — En route pour le marché, 3 p. avant et avec la lettre, 6 p.

112 — Sainte Barbe. — Voiture de gala du XVIIIe siècle. — La Desserte, 3 p. avant et avec la lettre, 6 p.

113 — **Jacquemart**. Bords de la Meuse. — *Leroy*, Portrait de femme. — *Unger*, Portrait d'homme 3 p., avant et avec la lettre 6 p.

114 — **Lalauze**. Retour d'un baptême en Espagne, avant et avec la lettre, d'ap. *Gonzalès*, 2 p. superbes.

115 — **Lalauze.** La Courante d'ap. *P. Codde*, avant et avec la lettre 2 p.

116 — Fête flamande. — La Cène. — Education de l'Infant d'Espagne 3 p., avant et avec la lettre 6 p.

117 — **Lançon.** Tigre de Cochinchine. — Lion de Nubie. — Cerf d'Amérique. — La cigognière. — Patineurs à la glacière 5 p., avant et avec la lettre 10 p.

118 — **Legros.** L'Incendie. — La Mort et le Bûcheron 2 p., avant et avec la lettre 4 p.

119 — **Lurat.** Portrait de Verdi, avant et avec la lettre 2 p.

120 — **Martinez.** Le buste d'Henri Regnault. — La Vierge et l'Enfant Jésus 2 p., avant et avec la lettre 4 p.

121 — **Milius** Pepito Toc d'Artagnan. — Arabes dans leur camp 2 p., avant et avec la lettre 4 p.

122 — **Mongin.** Portrait de Charles Moxon, esq. — L'Annonciation 2 p., avant et avec la lettre 4 p.

123 — **Rajon.** Mrs. Baldwin, d'ap. *Reynolds* 2 p., avant et avec la lettre.

124 — **Waltner.** Portrait de Mrs Fitzherbert 2 p., avant et avec la lettre 4 p.

125 — Portrait de M. Laideguive, d'ap. *La Tour* 2 p., avant et avec la lettre 4 p.

126 — Portrait de Nicolas-Bernard Lepicié, d'après lui-même, avant et avec la lettre 2 p.

Houyard 6

Houyard 6   Herman 7.50

Herman 5

Roth 5

Houyard 10

Houyard 4   Parent 2

Houyard 4   Bourge 18

Herman 6 . Honyan 8

Bouvraly 25

Jay 3   Roth 5

Bevard 3

127 — **Waltner.** Vénus et le Temps. — Valet de
Torero 2 p., avant et avec la lettre 4 p.
128 — Le Mage asiatique. — Le Mage d'Ethiopie.
— Le Mage grec 3 p., avant et avec la lettre
6 p.

—

PORTRAITS

129 **Adam** (J.) 1790. Léopold II, à cheval, in-4. —
Mack. — Hohenlohe, etc., in-8. 5 p. très
belles ép.
130 **Anonyme.** Profil d'homme en couleur (M.
Richard), gouverneur des pages de Madame,
sœur de Louis XVI, à Versailles, dans un
cadre rond, en cuivre estampé.
131 **Beisson.** Paisiello touchant du piano, d'ap.
Mme *Le Brun*, in-fol. Superbe ép., toute
marge.
132 **Boillet.** Michel de l'Hôpital, chancelier. Ovale,
petit in-fol., en couleur.
133 **Boilly** (d'ap.). Réunion d'artistes, in-fol., par
Clément. Superbe ép., marge.
134 **Bosse.** F. Boucher, peintre, d'après *Roslin.*
Petit in-fol. Très belle ép.
135 **Bouttats.** C. Le Brun, P Testa, S. Vouet. 3. p.
Petit in-4. Toute marge. Rares.
136 **Cathelin.** Baléchou, graveur. Petit in-fol.
137 **Chereau.** Louis de Boullongne, peintre,
d'après lui-même. In-fol. Très belle ép.,
marge.

138 **Choffard**. François VI, duc de La Rochefou-
cault, auteur des Maximes. In-8. D'après
Petitot. Superbe.

139 **Cochin** (d'ap.). Boudot. — Cars. — Clicot de
Clerval. 3 p. Petit in-4. Très belles ép.

140 **Cossin**. François Chauveau, graveur, d'après
Lefebure. Petit in-fol. Superbe ép., avant la
troisième ligne, marge.

141 **Daullé**. H. Rigaud peignant le portrait de sa
femme, grand in-fol.

142 **Demarteau**. Carle Vanloo, d'après lui-même.
Grand in-fol. Sanguine. Très belle ép., toute
marge.

143 **Desrochers**. Boileau. — Lafontaine. 2 p.
Belles ép.

144 — Bourdaloue. — La Chaise, toute marge. —
De La Rue. — De Saint-George. — Sanleque.
5 p. Belles ép.

145 — Clergé, littérateurs et autres. 20 p.

146 **Dossier**. Vertumne et Pomone, d'ap. *Rigaud*.
In-fol. Belle ép.

147 **Drevet**. Boileau, in-fol. d'après *Rigaud*.
Belle ép.

148 — Fr. Girardon, sculpteur, d'après *Vivien*.
Grand in-fol. Belle ép., toute marge.

149 — Nic. Lambert, d'après *Largillière*. Grand
in-fol. Superbe ép., marge.

150 — Adrienne Lecouvreur, d'après *Coypel*.
In-fol. Belle ép.

151 **Drevet**. Louis Ier, roi d'Espagne, en pied,
grand in-fol., d'après *Rigaud*.

Varin 6

Bouvely 10

Berard 8   Bourge 5. 50

Roth 15

Roth 15   Berard 11

Herman 10

Roth 2

Roth 2

May 15 Ditchfield 20

May 15 Roth 20

152 — Marie, duchesse de Nemours, d'après *Rigaud*. In-fol.

153 — Arnauld, Pucelle, Sinzendorf. 3 p. In-fol.

154 **Edelinck**. Mme Heliot, in-fol., sans marge.

155 — Descartes, l'Hôpital, Poisson. 3 p. in-4 et in-fol.

156 — Louis XIV, in-8, toute marge. Belle ép.

157 **Ethiou** (Adèle). Le marquis de Mirabeau. — Mirabeau, l'orateur. 2 p. In-8. Superbes ép., avant la lettre. Marge in-4.

158 **Ficquet**. J.-B. Rousseau, d'après *Aved*. In-8.

159 — Arioste, Corneille, Crébillon, Leibnitz. 4 p.

160 **François**. Leonora Galigaï, in-8. Belle ép., marge.

161 **Gaucher**. Bossuet. — Gillet. — De Saint-Marc. 3 p.

162 **Georget**. God. Maurice de La Tour d'Auvergne, duc de Bouillon, ovale in-fol, d'après *Nanteuil*. Superbe ép., toute marge.

163 **Habert**. Abel de Sainte-Marthe, garde de la Bibliothèque de Fontainebleau. In-4. Très belle ép.

164 **Jove** (Paul). Portraits sur bois. 108 p.

165 **Le Beau**. Mme Desbrosses. — Mlle Lescot. 2 p. In-8. Actrices de la Comédie italienne. Superbes ép., toute marge.

166 — Mme la comtesse du Barry. In-8. Toute marge.

******

167 — Mme la marquise de Pompadour en nymphe, d'après *Queverdo*. In-8. Très belle ép., toute marge.

168 — Mlle de Raucourt; en bas la scène de Mitridate. In-8.

169 **Le Mire.** Jeanne d'Arc, d'après l'ancien tableau de la ville d'Orléans. In-8. Superbe ép. Marge in-4.

170 **Lépicié.** P. Crassin, directeur des Monnaies, d'après *Largillière*. Petit in-fol.

171 — Antoine Watteau, à mi-corps, dans son atelier. In-8. Belle ép., marge.

172 **L'Hôtellier.** La Fornarina, petit in-fol., d'après *Raphaël*. Très belle ép., toute marge.

173 **Lips.** Lavater, médaillon sur son tombeau, in-fol. Superbe ép., toute marge.

174 — Mme Necker, in-8. Superbe ép., marge.

175 **Mariage.** Louis, duc de Saint-Simon, auteur des Mémoires, in-8, d'après *Vanloo*. Superbe ép., marge. Rare.

176 **Mariette.** Vauban, Vendôme, Villars, Villeroy. 4 p., en pied, de la suite de *Bonnart*, coloriées du temps. Superbes ép., marge.

177 **Masson.** Brisacier. — Gabriel de Roquette, évêque. 2 p. In-fol.

178 **Matham.** Kluverius. — Regius, médecin. — Webster et autre. 4 p. In-4. Très belles ép.

179 **Mechel.** Léopold II, empereur des Romains. In-4. Très belle ép., marge.

Ruth 12   Mary 8

Ruth 10

Ruth 16   Lancey d'Arc 2.   Lenieux 17   Mary 10

Bourge 16

Ruth 25   Guy 16

Bourrely 16

Guden 11

J. J. Willent 86

Bourge. 11   Bervin 15   Juden 33   Portalis 21

Bourger 2.50   Roth 4

Willent 4

Arbois 12

Bourger 6

Mary 8   Bourge 11   Levieux 21

180 **Meyssens** ex. Image de divers hommes
d'esprit sublime. Suite de portraits de peintres flamands. 100 p. Superbes ép., marge.

181 **Morin.** Antoine Vitré, typographe. (R. D. 88.)
Premier état avant divers travaux. Superbe.

182 **Petit.** Fred. Hoffmann, médecin, petit in-fol.
Très belle ép.

183 **Photographies.** Mmes de Parabère, Deshou-
lières, Grignon, etc. 12 p. in-8. Superbes.

184 **Physionotrace.** Quenedey, Abbema, patriote
hollandais, citoyen de Paris.

185 — Général Jardon, commandant de l'avant-
garde de l'armée du Nord.

186 — Robert, jeune, dép. des Basses-Alpes, médecin, auteur de la Megalantropogenesie.

187 — Femme et hommes sans noms. 7 p.

188 **Pinet** de Liège, entouré de fleurs, in-fol., par
lui-même. Très belle ép., toute marge.

189 **Pitau.** Dom Calmet, in-4. Superbe ép.,
marge.

190 **Poilly.** René de Marillac, avocat, in-fol.

191 **Ponce.** Saint Vincent-de-Paul. — Tourville
et autres. 4 p. à l'eau-forte pure. Richelieu,
cardinal, terminé. 5 p.

192 **Prieur.** La Reine (Marie-Antoinette) à la
Conciergerie, tiré du cabinet de l'abbé Carron,
in-4. Très belle ép., toute marge.

193 **Ravenet.** Raphaël Mengs, d'après lui-même.
Grand in-fol.

194 **Roy.** Molière, dans un entourage de *Babel*,
in-4. Superbe ép., grande marge.

195 **Rubens** (d'ap.). Ferdinand d'Autriche et autres portraits. 3 p.

196 **Saint-Aubin**. Buffon. — Dolomieu. — Mancini Nivernois. 3 p. Très belles ép.

197 — Le Brun, lettre blanche et avec la lettre, Catherine II, Le Sage et autres. 8 p. Très belles ép.

198 **Saint-Aubin.** Fénelon, d'après *Vivien*, in-4. Très belle ép., toute marge.

199 — Joseph Pellerin, entouré de ses médailles, in-fol. Très belle ép.

200 — Alexis Piron, in-4, d'après *Cochin*. Très belle ép.

201 — Marc-René de Montalembert, in-4, d'après *de La Tour*. Superbe ép., marge.

202 **Savart.** Boileau, Bossuet, Buffon, La Bruyère, Montesquieu. 6 p.

203 **Schmidt.** La Tour, peintre, montrant sa porte, in-fol.

204 — J.-B. Rousseau, à mi-corps, d'après *Aved*. Autre, en buste, par *Allouel*, 1764. 2 p. Petit in-fol.

205 **Schuppen** (Van). P. de Monchy, de l'Oratoire, petit in-fol. Très belle ép.

206 **Soliman.** J.-J. Rousseau, in-8 sur chine. 33 ép., toute marge.

207 **Surugue.** Louis de Boulongne le père, in-fol, d'après *Mathieu*. Superbe ép., marge.

208 **Tardieu.** A. de Pardaillan de Gondrin, duc d'Antin, grand in-fol. Calcographie.

2. 5

Bourge 11

Bourge 6
Bourge 5   Herman 3

Herman 5

Bourge 21   Willart 4

209 **Tardieu** (Amb.). Portraits de savants et
autres. 116 p. in-8. Toute marge.

210 **Texier**. Arrivée du roi de Prusse aux
Champs-Élysées, in-fol. Marge.

211 **Vander Werff** (d'après) Catherine Parre,
superbe. — Marie de Lorraine. — Ridley. —
Volsey. 4 pièces petit in-fol.

212 **Van Dyck** (d'après). F. de Bedford. — Ch.
Louis Palatin, par Hollar. — Stevens, etc. 5
pièces

213 **Varin** (P.-Adolphe). Eisen, lettre grise. —
Choffard. — Cochin. — Moreau et autres.
8 pièces in-8, superbes.

214 **Vestier**. Latude montrant la démolition de la
Bastille. In-fol. superbe ép. toute marge.

215 **Wille**. Frédéric II, roi de Prusse, in-fol. d'après
Pesne, très belle ép.

216 — J.-M. Preisler, graveur, in-4 grande marge,
très belle ép.

217 — N. de Largillière. In-8, belle ép.

218 **Portraits**. Bayle, Buffon, d'Alembert, Savary,
par Edelinck. 4 pièces.

219 — L'Abbé Prévost de Schmidt, Mairan, Montesquieu, Panard, Raynal, Saint-Évremont,
etc. 12 pièces in-4.

220 **Anne** Stuart, reine d'Angleterre, par *Desrochers*. Superbe ép. — **Anne**, par *Sornique*,
très belle ép., 2 pièces in-8.

221 **Charette**, dessiné après son arrival à Nantes
il est coiffé d'un chapeau. In-4, très rare.

222 **Denon** à Lyon lors de sa maladie, et en philosophe. 2 eaux-fortes originales.

223 **Gorlœus** (Abraham). Antiquaire, amateur de médailles. In-4, superbe ép., marge.

224 **Lamoignon-Malesherbes**, in-fol., avant toute lettre.

225 **Laurens de Reyrac**, par *Delaunay*. — Par *Delvaux*. 2 pièces in-12, superbes.

226 **Necker**, en couleur, — par *Claessens*, — de profil. 3 pièces.

227 **Olivier** (Melle), rôle de Chérubin, petit in-4 en couleur.

228 **Poussin** (N.). Avant et avec la lettre, gravé en lithog. 6 pièces.

229 **Rigny** (amiral de). Au bas le combat de Navarin. In-4, très belle ép.

230 **Rousseau** (J.-B.) 14, et J. Jacques 9, en tout 23 pièces.

231 **Vanloo** (carle). In-fol, chez Basan.

232 **Voltaire**, par Balechou, Henriquez, Langlois, Tardieu et autres. 15 pièces.

233 — Portraits anciens et modernes. 20 pièces.

234 **Portraits**. Artistes graveurs, dessinateurs. 12 pièces.

235 — Artistes peintres, sculpteurs, architectes. 52 pièces.

236 — Artistes peintres italiens coloriés, 6 pièces, in-4.

237 — Mellan, Rigaud, Téniers, Titien. 6 pièces.

238 — Peintres, sculpteurs et utres. 55 pièces.

Ditchfield 10

Howard 4

239 — Acteurs, actrices. Mmes St-Aubin, Malibran, et Musiciens, Rameau, F. David, etc. 18 pièces.

240 — Acteurs, actrices, lithog, par Vigneron, tirés de l'Artiste, etc. 30 pièces.

241 — Députés et Généraux de la Révolution. 30 pièces.

242 — Femmes. Catherine, reine d'Angleterre. — Caroline, princesse d'Orange. — Éléonore de Hongrie, etc. 4 pièces in-fol.

243 — Christine de Suède et autres. 14 pièces.

244 — Charlotte Corday, Deshoulière, Duboccage, Ninon de *Schmidt*, Sévigné, etc. 26 pièces.

245 — Littérateurs. Rousseau et autres. 118 pièces, 2 lots.

246 — Clergé, Papes, etc. 10 pièces.

247 — Clergé français et étranger, Réformés, etc. 45 pièces.

248 — Médecins. Chomel par *Daullé* et autres, par *Saint-Aubin*, etc. 10 pièces.

249 — Rois de France. Charles IX, Louis XIV, Napoléon, et Famille. 50 pièces.

250 **Célébrités diverses**, françaises et étrangères, Portraits équestres, anonymes, etc, 20 pièces.

251 — Anglais, Français et autres. 34 pièces.

252 — Personnages époque de Louis XIV. In-12. 69 pièces.

253 — Triomphe de Louis le Juste, et autres célébrités françaises. 67 pièces.

254 — Royales et Princières étrangères. 72 pièces.

255 — Portraits anciens divers. 50 pièces.

ÉCOLE DU XVIIIᵉ SIÈCLE

256 **Adresses** : illustrées. *Lattré* graveur, *Meniere*
jouaillier, et autres, orfèvres, tablettiers, etc.,
15 p. la plupart ornées de fleurs.

257 **Anonyme**. L'Amour désarmé. — l'Amour à
qui l'on rend les armes, 2 petites pièces rondes
en bistre, superbes ép. avant toute lettre, toute
marge, dont les miniatures sont cataloguées
au n° 487.

258 — Vénus et l'Amour s'envolant en présence de
deux amants, ovale en travers in-8, en couleur,
très belle ép., marge.

259 — Petits sujets d'amants et autres, ronds pour
boutons. 6 p.

260 — Le double engagement, in-4.

261 — Colin-Maillard, composition de neuf personnages, aquarelle sur trait, in-fol.

262 **Architecture**. Tombeaux à l'eau-forte, monuments, châteaux, etc. 70 p.

263 **Bachelier** (D'ap.). Groupes et guirlandes de
fleurs, par *Choffard*, 11 p. très belles.

264 **Bar**. Costumes de religieuses et de religieux
de 1784 à 1789, in-fol. 32 p. toute marge.

265 **Bartolozzi**. Deux jeunes filles sur un canapé,
d'après *Beauclerck*, in-fol. en bistre, très belle
ép. grande marge.

266 **Baudouin** (D'ap.) Les Cerises, in-fol. par *Ponce*.
— Jusque dans la moindre chose, 2 p.

Baptist, 20, Lesoufache 20 Boucheret 30 Varin 15, Verger 8. 1.50

Levieux 23

Varin 10   Parent 5

1.50

Benardinne

Hennyard 40

D. 3

Lescure 7

D. 1

D. 1,50

267 — Le Confessionnal. — Le Catéchisme des demoiselles, 2 p. grand in-fol. par *Moitte*, très belles ép.

268 **Benedetti**. Music, petit in-fol., d'ap. *Domini-cain*, superbe ép. en bistre.

269 **Bervic**. L'innocence, d'ap. *Mérimée*, in-fol., très belle ép.

270 **Binet** (D'ap.). Vignettes pour divers ouvrages, 42 p., la plupart avec l'explication de la planche au revers de la monture.

271 **Boillet**. Les Bacchantes, d'ap. *Ang. Kauff-man*, in-fol. en couleur, marge.

272 **Boilly** (D'ap.). L'Amant favorisé, grand in-fol. par *Chaponnier*, très belle ép.

273 — Défends-moi. — Ah! ah! qu'il est sot, 2 p. grand in-fol. par *Petit*.

274 **Boissieu**. Quatre études de têtes dont un vieillard qui prie, ancienne et très belle ép. papier verdâtre.

275 — La Famille, le Pape bénissant, les Vieil-leurs de la main droite et de la main gauche, Fête de village, Etudes de têtes, 8 p.

276 **Bonnefoy**. Sophie Western, en couleur, belle ép. — Louisa, en bistre, par *Bartolozzi*, 2 p. ovales in-4.

277 **Borel** (D'ap.). L'Indiscret, in-fol. par *Deque-vauviller*, très belle ép. marge.

278 — Vignettes pour divers romans, 16 p.

279 **Boucher** (D'ap.). C'est la fille à Simonette. — Autel de l'Amitié, 2 p. in-fol, *sanguine*, belles.

280 — La Bouquetière, par *Lucien*. — La Maraudeuse de fleurs, par *Demarteau*, 2 p. *sanguine*, petit in-fol. collées.

281 — Jeune Femme nue assise, tenant un panier de fleurs, in-4, en travers, *sanguine*, par *Demarteau* (221), superbe.

282 — Offrande sincère. — Mères et ses Enfants. *sanguine*, 3 p. très belles.

383 — Pastorale, par *Huquier*. — Les Amants surpris, in-fol.

284 — Jeunes Bergères et leurs moutons. — Pastorales, 3 p. grand in-4, par *Huquier*.

285 — Le Calendrier des vieillards, conte de La Fontaine, in-fol., par *De Larmessin*, sans marge, collé, belle ép.

286 — Ismène et Daphnis, in-4, par *J. H. E.*, superbe ép., rare.

287 — Groupe d'Amours. — Le Concert chinois, etc., 4 p.

288 — Elle mord à la Grappe, grand in-4, sans marge.

289 — Vignettes et Sujets divers, fac-simile, 11 p.

290 **Cabinet Le Brun**. Sujets et Paysages, anciennes et superbes ép., toute marge, quelques ép. avant la lettre, 24 p.

291 **Canu**. La Solitude. — Le Tombeau, 2 p. in-fol., en couleur.

292 **Caricatures**. Proverbes italiens, in-4, coloriés, 13 p.

Berard   4

Chamonix 15

Berard 5

2. 1.
D. 2.50

D .1

D. 1 Muny 12   Lesoufaché 15

Jaff 8   Lesoufach 10

Lesoufaché 10

Berard 22   Varin 20   Lesoufaché 12

D. 1,50
D. 2
Muy 6   Lesoufaché 8
D. 1

293 — Parisiennes. — Le bon Genre. — Le Lutrin de village. — Une Chambre en 3 parties. 6 p. coloriées.

294 — The state of the nation en 1778, sur les Anglais, curieuse.

295 — Sur les hautes coiffures. *Wery gond of night cap. — The french lady ofdi promenaide* et autre, 3 p. très curieuses.

296 **Chardin** (D'ap.). Sans Souci. — Sans Chagrin. — Jeune Fille et son Volant, petit in-fol., très belle ép., marge.

297 — La Bonne éducation, in-fol., par *Le Bas*, belle ép.

298 — La Gouvernante. La Toilette du matin, par *Duflos*, 2 p. réduction.

299 **Choffard**. Groupes et Guirlandes de fleurs, fleurons et fins de pages, 19 pièces d'après *Bachelier*, superbes.

300 **Choubard**. Tant va la cruche à l'eau qu'à la fin elle s'emplit. — Tant va la cruche à l'eau qu'à la fin elle se casse. 2 p. in-fol. en couleur marge.

301 **Cochin** (D'ap.). Frontispice de l'Encyclopédie, petit in-fol., par *Prevost*, belle ép.

302 — Vignettes pour divers ouvrages, 14 p.

303 **Coiffures** et Modes de 1788, etc. 28 petites pièces.

304 — Petits ronds, six à la feuille. 2 feuilles coloriées.

305 — Et Costumes, huit sujets à la feuille, 4 feuilles coloriées.

306 **Costumes.** L'Architecte à la grecque. — Le Petit maître. — La Dame de qualité. — La Servante. — Le Paysan. — Le Médecin, 6 p. à l'eau-forte, superbes ép. marge, très rares.

307 **Coypel** (D'ap.). Histoire de Don Quichotte de la Manche, 20 p. in-fol.

308 — Alexandre et Roxane, grand in-fol., superbe ép. toute marge.

309 **Daimarteau**. La Ferme. — L'Hôtellerie, 2 p. in-4, d'après *Le Prince*.

310 **Debucourt**. La Rose mal défendue, in-fol.

311 — Il n'y a pas de feu sans fumée petit in-fol., en couleur, d'ap. *C. Vernet*.

312 — Promenade anglaise, d'après *C. Vernet*. Superbe ép. coloriée.

313 — Anglais en habit habillé, d'après *C. Vernet*. Superbe ép. coloriée.

314 — Pastorales d'après *Huet*. In-4 en couleur. Copies modernes, marges.

315 **De Gouy**. Je m'occupais de vous. — Prélude de Nina. — La douce résistance. — Le Verrou, 4 ronds in-8, en bistre.

316 **Dellatre**. Pénélope. — Dido. 2 pièces ovales in-8, en couleur, d'après *Ang. Kauffmann*, très belles.

317 **Demarteau**. Jeune Bergère assise (180). Sanguine, in 4, superbe ép., marge.

318 — D'après Boucher, Le Prince et autres Sanguines. 4 belles ép.

319 **De Monchy**. La Tricherie reconnue. petit in-fol., d'après *Le Peintre*. Colorié.

D, 1

D. 2.

Wollert 10

Levieux 81   Mouy 50

D. 1

Abbeville 25

Hedon 5

Houyard 20

Bourges 15   Houyard 6

Lesoufart 5

Bourge 21   Berard 15

D, 5.50

D, 3

D, 1

D, 1

D, 2

D, 1.50

320 **Dennel**. Comparaison du bouton de rose, d'après *G. de Saint-Aubin*. — La Vertu irrésolue, d'après *Mᵐᵉ Le Brun*. 2 pièces in-fol. superbes.

321 **Descamps** (d'ap.) de Rouen. Le Négociant. In-fol., par *Le Bas*. Superbe épreuve, grande marge.

322 **Desrais** (d'ap.). Marie-Thérèse de Savoie, comtesse d'Artois. Costume, petit in-fol. colorié.

323 **De Troy** (d'ap.). Jeune Dame prenant son café, petit in-fol., par *Chereau*.

324 — Toilette pour le bal. — Retour du bal. 2 pièces grand in-fol, par *Beauvarlet*. Belles ép.

325 **Duflos** (chez Simon). Le Cocu astrologue, petit in-fol.

326 **Eaux-fortes**. Chevaux, Cavaliers, Batailles et Sujets d'animaux. Environ 100 pièces.

327 — Sujets et Paysages, diverses écoles. 46 pièces.

328 **Ecole anglaise**. Le départ des enfants pour l'école, grand in-fol. en couleur sans marge.

329 **Ecole du XVIIIᵉ siècle** (d'ap.) Boucher, Chardin, Pater, Vanloo, etc. 10 pièces.

330 — D'après Fragonard. La Gimblette, le Petit Prédicateur, le Concert de Famille de Wille et autres. 9 pièces.

331 — Fessard, Huet, Marillier, Picart et autres. 20 pièces.

332 — Cipriani, Levilly. Mallet, Vanloo, etc. 15 pièces.

383 — D'après Greuze, Watteau et autres. Sujets divers. 25 pièces.

334 **Eisen** (d'ap.). L'Eté. In-4, par *De Longueil*.

335 — Le Mouton favori, grand in-fol, par *Gaillard*, collé.

336 — Titre, petits sujets d'Enfants, Vignettes diverses. 45 pièces.

337 **Fleurons**. Groupes d'Enfants, les Éléments, etc. 33 pièces.

338 — Trophées, Groupes d'Enfants, Entêtes de pages. 39 pièces.

339 **Fragonard** (d'ap.). Le Contrat, par *Blot*, grand in-fol., très belle ép.

340 — Les Jets d'eau, in-fol., chez *Alibert*. Très belle ép., marge.

341 **Gatine**. Costume de Lisieux. — Costume de Caen. 2 pièces in-4, d'après *Lanté*. coloriées.

342 **Gravelot** (d'ap.). Vignettes in-4 pour Voltaire et autres, in-12 pour Rousseau. 33 pièces.

343 **Greuze** (d'ap.). La Privation sensible : le Départ de la nourrice qui emporte l'enfant, in-fol., par *Simonet*. Superbe ép. toute marge.

344 — La Savonneuse, grand in-fol., par *Danzel*. Superbe.

345 — Le Repentir, par *Moitte*, in-fol.

346 **Gunst**. Jupiter, Juno et Io. — Neptunus et Amphitrite. — Cupido et Psyché. 3 pièces in-fol, d'après Titien.

347 **Huet** (d'ap.). Le Déjeuner, petit in-fol, par *Bonnet*, en couleur, très belle épreuve, petite marge.

D, 2.50

2, 3.50

3. 2.

3. 2.

2. 3.50

Delignием 6 Gaden 85

Konyand 15 Bavard 12

Berard 12 Houyard 15

Berard 12 Houyard 15

Berard 12 Houyard 15

Wittert 10 Houyard 10

20 1

348 — Le Goûter, petit-in-fol en couleur, par *Bonnet*. Très belle ép., petite marge.

349 — Le Dîner, l'Abbé se brûle, le Potage est trop chaud, petit in-fol. en couleur, par *Bonnet*. Belle ép., petite marge.

350 — Le Souper, le Champagne, petit in-fol. en couleur par Bonnet. Belle ép., petite marge.

351 — Vénus sortant du bain servie par les amours. — Vénus à sa toilette servie par des amours. 2 pièces grand in-8 en couleur par *Demarteau* (597-598). Très belles ép. rares.

352 — Les Laveuses, paysage, in-fol. en couleur, par *Jubier*. belle ép.

353 — La bonne Chienne, in-4 en couleur, par *Bonnet*. Belle ép.

354 — Scènes villageoises, Laitière, Bateuse de beurre, marche de troupeaux. 5 petites pièces coloriées, montées en dessins.

355 — Chats, Chiens et autres animaux. 8 petites pièces.

356 **Janinet**. Ruines d'Athènes, d'après *Boucher* et autres paysages, sanguine. 5 pièces, belles ép.

357 — Profil de jeune femme avec haute coiffure ornée de rose. Ovale in-8, en couleur, superbe.

358 — Costume de Mlle Saint-Val. In-8, en couleur, belle ép.

359 **Jeaurat** 1713. La découverte d'Achille. In-fol., d'après *Leclerc*. Superbe ép., grande marge.

360 **John**. Cupido. — L'Amour dormant. 2 petites pièces d'après *Le Guide*. Superbes.

361 **Labouisse** (d'ap.). Costumes d'hommes et femmes de Bavière, de Carniole, etc. 3 pièces petit in-4, coloriées.

362 **La Fontaine.** Vignettes pour les contes. 35 pièces.

363 **Lancret** (d'après). Le Matin, in-fol, par *De Larmessin.*

364 — La belle Grecque, petit in-fol., par *Schmidt.*

365 **La Parure des Dames.** Collection des plus belles et hautes coiffures inventées depuis l'année 1776. 33 pièces très rares.

366 **Lavreince.** (D'ap.) Le déjeuner en tête-à-tête. — L'Ouvrière en dentelle. 2 pièces en couleur, petit in-4. Superbes ép. avec une petite marge, d'une grande rareté de cette condition.

367 — Les Grâces parisiennes au Bois de Vincennes, par *Chapuy*, en couleur, petit in-fol. Superbe ép. très rare.

368 — Les trois Sœurs au parc de Saint-Cloud, par *Chapuy*, en couleur, petit in-fol. Superbe ép. très rare.

369 **Le Beau**, etc. Réduction ovale de : Tiens, c'est mon valet Lafleur. — Faites la paix. — C'est inconcevable, tu n'es pas reconnaissable. 3 pièces imp. en rouge. Superbes ép. toute marge.

370 **Le Clerc** (d'ap.). Costumes de femmes 1780, petit in-fol., par *Dupin, Le Beau.* 4 pièces coloriées. Superbes ép., marges.

371 **Lempereur.** Le Festin espagnol, très grand in-fol, d'après *Palamedes.* Très belle ép.

2. 3.

Desaufactá 40   ...

Houyard 20 d. 980. Bernard 24 Lebrun 48

Houyard 50. Bourge 31   Lebrun 25

Houyard 40 Bourge 31.

désaufachi 20 Noyy 20 ..

Houzard 12

Houzard 10

Do, 6

May 12   White 25

2. 8

White 20

372 **Le Prince**. Le Coche d'eau, l'Adoration des Anges et autres. 4 p.

373 **Le Prince** (d'ap.). Les Pêcheurs à la chute d'eau, par *Godefroy*. Grand in-fol. Avant la lettre.

374 — La Lettre envoyée, in-fol., par *De Launay*. Très belle ép.

375 — Vignettes pour la Henriade, plus de 150, des doubles.

376 **Mallet** (d'ap.). La Toilette de la mariée, in-fol., par *Garneray*.

377 — L'Éducation du chevalier de Faublas, par la marquise de B. — Déguisement du chevalier de Faublas. 2 p. Petit in-fol. Superbes.

378 **Manière noire**. Scène flamande : Un vieux buveur courtise une jeune femme, la vieille mère regarde en colère, une tête au fond tire la langue. Composition amusante. Avant toute lettre. Grand in-fol.

379 **Marillier**. Vignettes pour divers ouvrages. 82 p.

380 **Marin**. The Milk Woman, in-fol. en couleur et en or.

381 **Masquelier**. Le Départ et le Retour de la pêche. 2 p. ovales en travers. Petit in-4 en couleur.

382 **Mercorus**. L'Amour et Psyché, d'après le *Guide*. Grand in-fol. Marge.

383 **Moreau** (d'ap.). Pour Rousseau. La Scène de musique, in-4, par *De Launay*. Très belle ép.

384 — Vignettes pour Rousseau, in-12 et in-4 pour Voltaire et autres. 70 p.

385 **Ornements**. Chandelier, vase, frises. 6 p.

386 **Ozanne**. Petits vaisseaux divers. 43 p.

387 **Ozanne** (Jeanne-Françoise et Marie-Jeanne). Vues de Paris. Place Louis XV, entrée du Jardin des Tuilleries, la 5ᵉ planche est le Quai des Tuilleries, on voit le coche en osier, diligence de l'époque; et la 6ᵉ, le Louvre, vu dessous une arche du Pont-Neuf. 6 petites p. très belles et très rares.

388 **Parizeau**, 1783. Mathieu Molé menacé de mort par le peuple en insurrection. Grand in-fol. au trait, d'après *Vincent*. Rare.

389 **Paroy** (Comte de). Dessus de guéridon rond, où se trouvent toutes les statues antiques, in-fol. Superbe, rare.

390 **Paysages** d'après Huet, Weirotter et autres. 21 p.

391 **Peintures** d'Herculanum (d'ap. les). Bacchantes. 2 p. imp. en couleur, in-fol. Belles ép.

392 **Picart** (B.). Massacre des Innocents, grand in-4.

393 — Allégories sur les mariages. 4 p. in-4. Superbes.

394 **Pièces historiques**. Les Effets du fanatisme, sédition violente excitée à Londres contre le parti catholique par les discours fanatiques de lord Gordon. Grand in-fol. colorié. Très rare.

2. 7.

Delignière 15   L. 1. ..
Berard 65   White 30   Bourger 31

Delignière 10   Berard 8   D. 1

Berard 12   White 20   Verzier   May 15   L. 1.
                        noces d'argent

Roth 12 · White 20

2. 1

[illegible] 20   [illegible] 12

Abbeville   10

[illegible]   6

[illegible]   10

[illegible]   1

395 **Pièces en couleur**. La Douceur, Vue du golfe de Venise, Scène de brigands. Allégorie. 4 p.

396 — A la sanguine, têtes, sujets d'enfants. 6 p.

397 **Pierre** (d'ap.). Sacrificium in honore Panos, in-fol., par *Lempereur*.

398 **Pierres gravées** (d'ap. des). Les trois Grâces, l'Amour présente à Vénus les armes d'Enée, Sacrifice à Priape, etc., sur cornaline, jaspe, etc. 9 p. in-8.

399 **Pillement** (d'ap.). La Gazette de Londres. — Le Fruit de l'hymen. 2 p. grand in-fol., par *Ravenet*. Très belles ép., marge.

400 **Poilly**. Le Jeu de bilboquet, d'après *Courtin*. — Jeune femme lisant une lettre à la lumière, d'après *Raoux*. 2 p. in-4. Belles ép.

401 **Prudhon** (d'ap.). L'Amour réduit à la raison, par *Copia*. In-fol.

402 — La Grotte, in-8, avec la tablette. Superbe.

403 — L'Innocence, le Commerce et autres. 4 p.

404 **Raoux** (d'ap.). Vestale allant faire son offrande, in-4, sanguine, par *Massat*. Collée.

405 **Romanet**. Le Chanteur en foire. — Le Marchand d'images de village. 2 p., petit in-fol. Belles ép., marge.

406 **Roslin** (d'ap.). La Flore de l'Opéra, petit in-fol., par Basan.

407 **Rousseau** (J.-J.). Vignettes pour la nouvelle Héloïse. Suite complète. 13 p. Toute marge.

408 **Queverdo** (d'ap.). Le Coucher de la mariée, par *Patas*. — Le Lever de la mariée, par *Dambrun*. 2 p. in-fol. Très belles.

409 **Regnault**. Le Matin : la jeune fille laisse renverser son lait en regardant deux tourterelles, grand in-fol. Très belle.

410 **Saint-Aubin** (d'ap.). Mes Gens ou les Commissionnaires ultramontains. 8 p. Toute marge.

411 **Saint-Non** (Abbé de). Recueil de griffonis, de vues, paysages, fragments antiques et sujets historiques. Vol. in-fol. de 153 feuilles. Carton.

412 **Schall** (d'ap.). L'Officieuse femme de chambre, in-fol. avec titre anglais et français, gravé par *Mce. R^e. Vallet V....n....ce*. Superbe ép., marge vierge. Rare.

413 — Le premier baiser de l'Amour. — Le Rocher de Meillerie. — Le premier mouvement de la nature. — L'Élisée. 4 p. in-fol., par *A. Le Grand*.

414 **Schencker**. Ménade sortant des Bacchanales, in-fol., d'après *Barthélemy*.

415 **Schiavonetti**. Adam et Ève, d'après *Tresham*. Grand in-fol. Très belle ép.

416 **Schmidt**. Tête d'homme coiffé d'une calotte, in-4. Superbe ép., grande marge.

417 **Strange**. Bélisaire, d'après *Salvator Rosa*. In-fol. Très belle ép.

Berard   30

2. 1

Berard 75   2. 5.50
  ou 101.

Honyard   20

D. 1.50

D. 1 Houyard 10

D. 2. Boucheru 16

D. 1. Boucheret, 10

D. 4. Boucheru 12

D. 4 Merlin 7   Boucheny 30   Leroufe 12

418 **Sujets historiques** sur la Révolution. —
Laocoon avec fond rouge, ouverture du club,
et autres, noir et coloriées. 16 p.

419 **Taraval** (d'ap.). Le Gouverneur du sérail
choisissant les femmes, grand in-fol., par *Le
Mire*. Très belle ép. avant toute lettre.

420 **Testard**. Bas-reliefs imprimés en bleu et en
bistre. 2 p. Belles ép.

421 **Titres blancs**, très riches, ornés de fleurs.
10 p.

422 — Ornés de figures et de fleurs, cartouche,
couronne de fleurs. 8 p.

423 **Titres** ornés de figures de 1614, 1684 et autres.
24 p.

424 — D'après Eisen et autres, par Choffart,
Gillot, Saint-Aubin, lettre de mariage du fils
d'Huquier. Cartouches riches. 24 p.

425 **Troost** (d'ap.). Chambre d'accouchée hollandaise, in-fol., par *Tanjé*. Belle ép.

426 **Vanloo** (d'ap.). Le Coucher, par *Porporati*.
In-fol.

427 — David pinçant de la harpe devant Saül,
in-fol., par *Cochin*. Très belle ép., marge.

428 — La Tragédie, in-fol., par *Salvador*.

429 — L'Architecture. — La Sculpture. 2 p.,
in-fol., par *Fessard*. Belles ép.

430 **Vernet** (d'ap. J.). La Tempête, par Balechou,
et autres marines. 6 p. in-fol.

431 **Vernet** (d'ap. C.). Les Apprêts d'une course,
par *Darcis*, petit in-fol. belle ép.

432 **Vien**. Fêtes pour la vendange, la Cueille du raisin, la Cuve, le Pressoir. 5 p. à l'eau-forte en forme de frise, superbes ép., marge.

433 **Vien** (d'ap.). Offrande à Vénus, par *Beauvarlet*, in-fol.

434 — La chaste Suzanne, in-fol., par *Beauvarlet*.

435 — Jeune Circassienne au bain, in-fol. par *Glairon-Mondet*, superbe ép., marge.

436 **Vignettes** anciennes, pour la Henriade 6. Lutrin 6, Boileau 8, Gil Blas 12, Don Quichotte 15, la Pucelle ou la France délivrée 11 : en tout 58 p.

437 — D'après Eisen, Moreau et autres, Héloïse et Abeilard, Télémaque, Don Quichotte et autres : plus de 1,000 p., formera plusieurs lots.

438 —L'Amour et Psyché, in-8, d'ap. *Gérard*, avant toute lettre, superbe ép. toute marge.

439 — Le Calendrier des vieillards, Adam et Eve, Paul et Virginie, etc., d'ap. Girodet, Le Barbier, etc. 5 p.

440 **Villemin**. Sujets de l'antiquité, 4 p. en bistre.

441 **Watteau** (d'ap.). Watteau et M. de Julienne dans un parc, in-fol., par *Tardieu*, sans marge, collé.

442 — La Marchande d'oranges. — La Marchande de modes, 2 p. en couleur, par *Guyot*, très grand in-8.

443 **White** (C.-W.). Children at Play: sujets-n'de fants, ronds en couleur, 4 p. in-4. Très belles ép.

Hedera 6   Avg 5

3. 6

3. 12

D. 1

Lancer d'Arc 10.

Lind 15

Delignière. 10   Herrmann ~~15~~
non

Lind 15
voir
[illegible]

Huss 20   Lind 35   Morgan 10

D. 2.50 Parent 5

D. C Boucherny 15 Liancourt 40

D. 1

444 **Wille.** Agar présentée à Abraham, grand in-fol. d'ap. *Dietricy*, ancienne ép.

445 — La ménagère hollandaise, in-4, d'après *G. Dow*, ancienne ép.

446 — La Dévideuse, mère de Gérard Dow. — La Liseuse, 2 p. in-fol., marge.

447 — Repos de la Vierge. — La bonne mère de Normandie. — Le jeune Joueur d'instrument et la copie, par Beisson, 4 p.

448 — Bonne femme de Normandie. — Sœur de la bonne femme de Normandie, 2 p. in-4, très belles de la collect. *Petzold*.

449 **Wille** fils. Petit Waux-Hall: la jeune coquette entourée des vieux amateurs, grand in-fol. belle ép.

450 **Vues** du Château de Schonbrun, Chute du Rhin à Schaffhouse, Elévation du Waux-Hall, Marseille pendant la peste de 1720 et autres.

451 — Et cartes du gouvernement de France avec Sujets, Monuments, Architecture, etc, plus de 105 p.

452 — de Meudon 2. — Fontainebleau 4: en tout 6 p. in-fol. coloriées du temps.

453 **Recueil** de petites pièces en couleur et en noir. Louis XVI. — Marie-Antoinette, petits ronds et 9 autres petites pièces rondes et ovales en couleur, — et 20 vignettes diverses: en tout 31 p. dans une riche reliure in-8 maroq. rouge.

453 bis **Volume** de papier blanc où est posée la suite de vignettes pour les Bijoux indiscrets de Diderot, le portrait et 8 vignettes en tout 9 p.

454 **Divers**. La Naissance, par Balechou; le Gardien fidèle par Beauvarlet, et autres, 5 p. in-fol.

455 — Sujets de Robinson, le Mariage, etc., coloriés, Costumes et sujets divers, plus de 90 p.

456 **Etudes** et têtes pour le dessin, d'après F. Barbieri, Ribera, etc. plus de 70 p.

457 — De têtes par Varin, Paysages, Animaux, etc. 50 p.

458 — De Paysages, Sujets d'enfants, etc., plus de 200 p.

DESSINS ET MINIATURES

459 **Photographies** de Braun, d'ap. Corrège, Greuze et autres, et un dessin, 6 p.

460 AMMANNATTI. Costumes de femmes et d'hommes italiens. 6 gouaches superbes.

461 ANONYME. Vue panoramique d'une ville port de mer, à la plume au trait, très grand in-fol.

462 — Scènes de Bergers et Bergères, 2 charmants dessins in-8 à la sanguine.

463 — Paysage maritime dans une colonie, joli dessin à l'encre de chine, très terminé.

464 ANTIQUES. Portraits d'Achille, Agamemnon, Anacharsis, et autres médaillons à la plume et encre de chine 14 p.

Abbeville 6

2. 5

Varin 6

Hompard 5   Gigoux. 5   2. 1

9. 1. 50

While 25   2. 1

2. 1. 50

D. 1

D. 1

D. 12

D. 1

D. 1

D. 1

D. 5   [illegible] 15   Merlin 12   Lamwy d'an. 8   Hougand 18

D. 1

465 AQUARELLE. Portrait de Gessner, in-fol., beau dessin; au revers, le petit portrait, par *Lips*.

466 BARD. Milton dictant ses œuvres à ses filles, aquarelle in-8.

467 BELLANGE. Le Fauconnier, les Capitaines, Français et Espagnols, Triatlin, Briguelle, Comédien et Comédienne italiens, Bari opérateur, Jardinier, Roger Bontemps, la Musique, le Polonais, le Marchand arménien, le Turc, Homme et femme caraïbes d'Amérique, 26 petits dessins, crayon et aquarelle, in-8 sur velin, signés.

468 BERGHEM (d'ap.). Le Passage du gué, beau dessin au bistre, grand in-fol., nombre de figures et animaux.

469 BOUCHARDON. Médaillon. Femme rayonnant montre une escadre en mer, autour du rond : Opem. imperio civibus opes, 1747, sanguine, petit in-fol. très beau.

470 DIZIANI (Gasp.). La musique, femme touchant du piano, et objets d'art et autres à la plume et encre de chine, in-4 en travers.

471 DURAMEAU. Scènes de l'histoire de Jeanne d'Arc, composées et dessinées pour les œuvres de Dubelloi en 1772, 6 p. à l'encre de chine, grand in-8.

472 DUSAULCHOY. Les Muses rendant hommage à une femme tenant une lyre, crayon noir, petit in-8, signé.

473 ECOLE FLAMANDE. Allégorie à la plume et encre de chine superbe. — Scènes de Folies et autres, plume et bistre, en tout 5 p.

474 ECOLE FRANÇAISE. Fête de village avec arracheur de dents, danses, etc., grand in-fol. à l'encre de chine, beau dessin, grand nombre de figures et animaux.

475 ECOLE FRANÇAISE XVIII°. Intérieur avec 6 figures, effets de deux lumières, belle aquarelle in-fol.

476 — Sujets divers, sanguine, plume, crayon, charges, etc., 15 p.

477 ÉTUDES de feuilles mortes, d'après nature, 4 superbes aquarelles.

478 FISCHER. Jeune dame faisant faire l'exercice à son chien, aux trois crayons sur velin.

479 FLERS. Vues à Ménilmontant, 2 dessins à la mine de plomb, 1840.

480 GHEZZI. Têtes et Portraits en pied de personnages, un peu chargés, à la plume, 5 p.

481 **Gouaches italiennes**. Portici. — Mole de Naples. — Sépulcre Campama. — Bagnoli. — Pouzzole. — Ischia et Procida, 6 petites pièces, sur peau, superbes.

482 — Éruption de 1834, in-4. — Nouveau volcan en Sicile, en 1831. — Éruption de nuit au clair de lune, in-fol. 3 p. superbes.

483 ISABEY (Eug.). Bout de jetée dans un port, jolie aquarelle, grand in-8.

484 JANSON, 1811. Paysage aquarelle. — Fontaine à l'encre de chine. — Fleurs à l'aquarelle, 12 p.

D. 2

Portalis 25 May 20

D. 3.

Gigoux 12 May 10

Gigoux 5 July 4

D. 1

Boucherey 6 juin à D. 2

D. 1

Hédou 5 Houyard 10 Gigoux 3 D. 1

D. 2.56

D, 1

D. 1.50   ..ay 3   Hedm.. 5

D. 6.50 Levien 126   O.T. 80

D, 3.50

D, 1

..ay 8   White 10

D. 5

D, 2

485 LA FAGE. Composition de figures allégoriques qui cherchent à couvrir, les autres à découvrir son médaillon, à la plume, in-fol.

486 LEPRINCE. Paysages avec chaumières, 3 p. au bistre, in-4.

487 MINIATURES. L'Amour désarmé. — L'Amour à qui l'on rend ses armes, 2 charmants sujets en rond. Cadres ronds à cercles dorés.

488 — Portrait de Louis XVI, ovale, cadre en velours avec cercle de cuivre.

489 OSTADE (D'ap.). L'amoureux buveur. — La Causerie des fumeurs, 2 aquarelles, in-8.

490 PANINI. Croquis à la plume, bistre, élévation d'un palais, petit in-8.

491 PERNOT, 1827. Château-fort en Écosse : effets de lune et du feu des sentinelles, à l'encre de chine, petit in-fol.

492 PREVOST. Pot de terre contenant des primevères, in-fol. avec le timbre de Glomy.

493 SANGUINE. Le Saute-mouton. — La Moisson. — Jeux villageois, 3 dessins in-fol.

494 — Ornements, architecture, costume, 4 p.

495 — Compositions en plusieurs feuilles, figures presque grandeur nature, 2 de 8 feuilles, 1 de 6 feuilles, et une où se trouve une bataille avec chevaux, etc., de 30 feuilles : en tout 52 feuilles à la sanguine.

496 SÉPIA. La Cigale et la Fourmi. — Paysages, etc., 10 p.

497 SERRE. Minerve, soutenant une armoirie, montre des canons, etc., à la plume, in-4, en travers.

498 SILVESTRE. Vues de Villes au bord de la mer, 2 dessins à la plume.

499 SUJETS MYTHOLOGIQUES. Croquis à la plume et lavés d'encre de chine, pour l'illustration d'un ouvrage en plusieurs volumes, 25 p.

500 TAVERNIER. Portraits de jeunes filles au crayon et à l'encre de chine, 3 p. in-4.

501 TIEPOLO. La Peinture, à la plume, lavé d'encre de chine, in-4.

502 VOLLON. Port de mer, crayon noir, in-fol. C'est le croquis du port d'Anvers en 1870, dessiné pour M. Alex. Dumas fils.

503 DESSINS d'ornements pour titres, à la plume et au crayon, 8 p.

504 — Chandelier, Vases à l'encre de chine, charges, etc., 25 p.

505 DIVÉRS. Sujets religieux, plume, crayon, encre de chine, 6 p.

506 — Sous ce numéro, 5 lots de dessins divers.

507 — Les Portefeuilles de la collection.

Vᵉ Renou, Maulde et Cock, impᶜˢ de la Cⁱᵉ des Commissaires-Priseurs, rue de Rivoli, 144.   32557

D. 1

Lasonfach. 3   D. 1

D. 7.50   Verzier 20.

D. 1

Hedon 5   D. 1

Hedon 10   O.T. 50.   Gigoux 5   D. 4.50

D. 2.50

D. 3.

D. 1

D. 1.50 chaque
2. Portalis 5

506. 28 —— 5
      10 — Vin 1.50
       5 ———— 4
      15 —— 3
      15 ———— 7 50
              ————
          21 . .

770 Catalogues affranchis . 5ᵉ   38 50   5,800 50

11 Mains chemises à 1/50   16 50

Honoraires 10%   580 ..

800 Catalogues   320 ..

75 affiches Colombier et afficheur   44 50   999 50

Insertions au Moniteur des Ventes   14 15

Déclaration de Vente   2 20

Timbre du Procès Verbal   7 30

Enregistrement   149 25

Versement en Bourse Commune.   183

Honoraires de Mᵉ Delestre.   183

Location de la Salle 7. 2 jours   80 20

Clerc et Crieurs   24 ..

Transport à l'hôtel des ventes   7 ..

2 Journées de Commissionnaires   10 10

Pour supplément de travail   20

                                 1679 60

Recette la 5% des acquéreurs   290 05   1389 55

                                             4,410 95

L'ART DU XVIIIe SIÈCLE
DE MM. DE GONCOURT

15 Portraits gravés par Adolphe VARIN

GONCOURT (JULES de) auteur.
GONCOURT (EDMOND de) auteur.

MOREAU le jeune, dessinateur et graveur.
FRAGONARD (HONORÉ), peintre et graveur.
COCHIN, dessinateur et graveur.
PRUDHON, peintre et graveur.
CHARDIN (J.-SIMÉON), peintre.
GREUZE, peintre.
GRAVELOT, dessinateur,
SAINT-AUBIN (AUG.), dessinateur et graveur.
BOUCHER, peintre.
WATTEAU, peintre,
DEBUCOURT, dessinateur et graveur.
LATOUR (M Quentin de), peintre au pastel.
EISEN, dessinateur.

CES 13 PORTRAITS PEUVENT ILLUSTRER

LES DESSINATEURS D'ILLUSTRATIONS AU XVIIIe SIÈCLE
Par M. le baron Roger PORTALIS

GILLOT (CLAUDE), dessinateur, graveur, par Legenisel.
WATELET (CLAUDE-HENRI), artiste amateur, par Legenisel.
L'ABBE DE SAINT-NON, auteur du *Voyage en Sicile.*
CHOFFARD (P.-PH.), dessinateur de fleurons, par A Varin.
BARON REGNAULT (J.-B.), peintre, par Legenisel.
LE COMTE (MARGUERITE), amie de Watelet, par Perron ard.
GAUCHER, graveur, par Adolphe Varin.
WILLE (JEAN-GEORGES), graveur, par Adolphe Varin.
DE MARCENAY DE GUY, graveur, dessinateur, par Legenisel.
DE LAUNAY (NICOLAS), graveur, par Adolphe Varin.

AVANT LA LETTRE OU LETTRE GRISE

Bistre ou noir sur chine, 10 portraits........... 25 fr. »
Bistre ou noir sur blanc, 10 portraits........... 20   »

AVEC LA LETTRE

Bistre ou noir sur chine. Chaque.................. 1 fr. 25
Bistre ou noir sur blanc. Chaque................. 1   »

Chez VIGNÈRES, rue de la Monnaie, 21, à Paris

PORTRAITS
Gravés par P.-A. Varin et Autres
POUR ILLUSTRER
LES GRAVEURS DU XVIIIᵉ SIÈCLE
ESTAMPES, PORTRAITS, VIGNETTES
PAR
M. le baron R. PORTALIS et M. H. BERALDI
Publiés par MM. MORGAND et FATOUT

1ᵉʳ VOLUME	**2ᵉ VOLUME**
* Anselin.	Eisen.
* Balechou.	Fragonard
* Bartolozzi.	Gaucher.
Boucher.	Gillot.
* Cars.	Gravelot.
* Chedel.	Greuze.
—	—
* Chodowiecki.	* Hogarth.
Choffard.	* Janinet.
Cochin.	* Lalive de Jully.
Debucourt.	Launay (N. De).
* Denon.	Lecomte (Marg.*)*.
* Desrochers.	* Longueil (De).

3ᵉ VOLUME

Marcenay (De).	Saint-Aubin (Aug. de).
* Miger.	Saint-Non (Abbé de).
Moreau le jeune.	* Schmidt (G.-F.).
* Ponce.	Watteau.
Prudhon.	Watelet.
Regnault.	Wille.

Les 15 Portraits avec * gravés spécialement pour cette suite, ne
se vendent qu'ensemble avant la lettre ou lettre grise.

Bistre ou Noir, **30 fr.**; sur Chine, **37 fr. 50.**

En Bistre ou en Noir, chaque.......... **1** »
Sur Chine........................ **1 25**

Chez **VIGNÈRES**, éditeur, 21, rue de la Monnaie

Vᵉ Renou, Maulde et Cock, imprᵐ de la Cⁱᵉ des Commissaires-Priseurs,
rue de Rivoli, 144.   32557

9 782329 509068